STEAL LIKE AN ARTIST

10 THINGS NOBODY TOLD YOU ABOUT BEING CREATIVE

AUSTIN KLEON

點子都是偷來的
10 個沒人告訴過你的創意撇步

奧斯汀・克隆／著
張舜芬、錢佳緯／譯

點子都是偷來的
10個沒人告訴過你的創意撇步
Steal Like an Artist: 10 Things Nobody Told You About Being Creative

作　　　者	奧斯汀‧克隆 Austin Kleon
譯　　　者	張舜芬、錢佳緯
總 編 輯	汪若蘭
責任編輯	徐立妍
行銷企劃	高芸珮
美術設計	賴姵伶

發 行 人	王榮文
出版發行	遠流出版事業股份有限公司
地　　　址	臺北市南昌路2段81號6樓
客服電話	02-2392-6899
傳　　　真	02-2392-6658
郵　　　撥	0189456-1
著作權顧問	蕭雄淋律師
法律顧問	董安丹律師

2013年04月01日　初版一刷
2013年10月　　二版五刷
行政院新聞局局版台業字號第1295號
定價　新台幣250元（如有缺頁或破損，請寄回更換）
有著作權‧侵害必究 Printed in Taiwan
ISBN 978-957-32-7166-6
遠流博識網 http://www.ylib.com
E-mail：ylib@ylib.com

國家圖書館出版品預行編目（CIP）資料

點子都是偷來的：10個沒人告訴過你的創意撇步 / 奧
斯汀‧克隆（Austin Kleon）著；張舜芬、錢佳緯譯. --
初版. -- 臺北市：遠流，2013.04
　面；　公分
譯自：Steal Like an Artist：10 Things Nobody Told You
About Being Creative
ISBN 978-957-32-7166-6（平裝）

1.創意 2.創造力

176.4　　　　　　　　　　　　　　102004114

給Boom

無論何時，記得本書是獻給你的

目次

「藝術即是竊佔。」

——畢卡索

「不成熟的詩人依樣畫葫蘆，成熟的詩人偷天
換日；拙劣的詩人會弄巧成拙，優秀的詩人則
會轉化提昇，或至少煥然一新。優秀的詩人會
把偷來的東西融入整體情境，創造出獨一無二
的作品，與原作截然不同。」

────── T.S. 艾略特

19-YEAR-OLD ME COULD USE SOME ADVICE...

19 歲的我需要別人
給點建言

ALL ADVICE IS AUTOBIOGRAPHICAL.

所有建言都是經驗談

我認為有人給你建言時，他們其實是在與過去的自己對話。

這本書就是我在和上一版本的自己對話。

書中字字句句，都是近十年來我嘗試藝術創作的心領神會。
但當我開始與他人分享時，突然覺得很奇妙——我發現這不
只適合藝術家，也適合所有人。

所有想為生活及工作注入創意的人，都適用這些想法。（那
應該就是我們所有的人。）

換句話說：無論你是誰，無論你做什麼，這本書都是為了你
寫的。

開始吧。

① STEAL AN

LIKE ARTIST.

點子都是偷來的

這值得偷嗎？

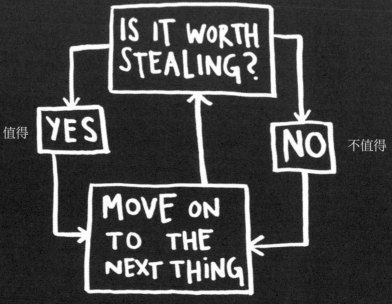

值得

不值得

換到下個目標

HOW TO LOOK
AT THE WORLD
(LIKE AN ARTIST)

如何（用藝術家的眼光）看世界

每個藝術家都會被問到：

「這些想法怎麼來的？」

誠實的藝術家就會說：

「我偷來的。」

藝術家怎麼看這個世界？

首先，找到值得偷學的東西，再換下個目標。

說穿了就是這樣。

當你這樣看世界，就不會再擔心什麼是好、什麼是壞——只有值得偷學和不值得偷學的東西。

什麼都可以偷學。如果今天沒找到值得偷的，明天、下個月，或者明年，你可能就會找到。

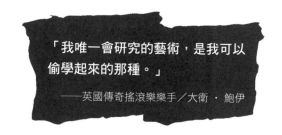

「我唯一會研究的藝術，是我可以偷學起來的那種。」

——英國傳奇搖滾樂手／大衛 ‧ 鮑伊

NOTHING IS ORIGINAL.

天下無原創

作家強納森・列瑟（Jonathan Lethem）曾說，被稱為「原創」的東西，十之八九是因為人們不知其參考或原始資料來源。

優秀的藝術家知道，凡事皆非憑空而來。所有創意工作都是延續著前人的足跡，沒有完全原創的東西。

聖經即有明訓：「日光之下並無新事。」（傳道書第1章第9節）

有些人聽到這話可能會覺得很沮喪，但我卻充滿希望。曾獲諾貝爾文學獎的法國作家紀德（André Gide）說過：「該說的話都已經被說過，但是因為沒人在聽，所以還得全都再說一遍。」

一旦我們從追求完全原創的重擔裡解脫，就可以停止努力無中生有，接納前人的影響，而不需逃避。

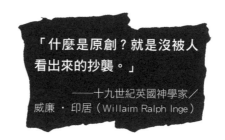

「什麼是原創？就是沒被人看出來的抄襲。」
——十九世紀英國神學家／
威廉‧印居（Willaim Ralph Inge）

THE GENEALOGY of IDEAS

創意的族譜

所有新想法都是一個或多個舊想法的混搭或重整。

在一張紙上畫兩條平行線,這是以前在學校就學過的小遊戲:

現在有幾條線呢?

有一條、兩條,但兩條線中間還有另一條空白的線。

看出來了嗎? 1+1=3

爸爸　　＋　　媽媽　　＝　　你
DAD　＋　MOM　＝　YOU

GENETICS

遺傳學

遺傳學就是個好例子。每個人都有父母，擁有來自兩人的特質，但是總和來說，你大過父母兩人：你是父親、母親以及所有祖先的混合體。

正如你有族譜一樣，你的創意也有族譜。你沒辦法選擇自己誕生的家庭，但你可以選擇你的老師、你的朋友，選擇你聽的音樂、你讀的書，以及你看的電影。

你選擇將什麼納入自己的生活，其實就塑造了你自己。你受到的影響，加總起來就是你。德國作家歌德曾說：「我們所愛的事物就塑造了我們。」

「音樂人好比沒有父親的孩子……所以我們在唱片裡、在街上，在歷史中尋找可以教導我們的前輩。我們自己選擇要追隨哪一位音樂先祖，能夠鼓舞我們，啟發我們創造的世界。」

——美國饒舌樂天王／傑斯（Jay-Z）

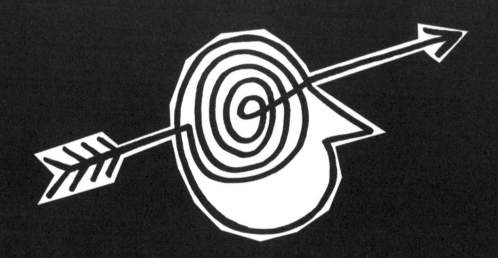

GARBAGE IN, GARBAGE OUT.

進來是垃圾，出去也是垃圾

藝術家是收藏家，但不是囤積狂──提醒你，這兩者是不一樣的。囤積狂照單全收，但藝術家精挑細選；藝術家只會蒐集真正喜愛的東西。

有個經濟學理論是這樣說的，如果你把最要好五個朋友的收入加總之後平均，這個數字會相當接近你自己的收入。

我認為創意也是如此。你的創意只會和環繞在你周圍的事物相當。我媽媽常跟我說：「進來是垃圾，出去也是垃圾。」以前我聽了忿忿不平，但是現在我懂她的意思了。

你的工作就是蒐集好的創意，蒐集得愈多，就有愈多好創意可供選擇，影響你的作品。

「只要能與靈感共鳴或激發想像，就去偷學吧。盡情享受老電影、新電影、音樂、書籍、繪畫、攝影、詩作、夢想、隨意的對話、建築、橋樑、街燈、樹木、雲朵、水塘、以及光與影，只選那些會觸動你靈魂的來偷學，這麼一來，你（偷學來）的作品就是你貨真價實的創意。」

——美國獨立製片／
導演吉姆·賈木許（Jim Jarmusch）

CLIMB YOUR OWN FAMILY TREE.

爬上你的創意家族樹

法國超現實主義派藝術家馬歇爾・杜尚（Marcel Duchamp）說：「我不相信藝術，我相信的是藝術家。」這其實是學習的好方法——如果你打算把你所屬專業的過往一口氣囫圇吞下，一定會嗆到。

所以不如細細咀嚼其中一位思想家就好：作家、藝術家、鬥士、模範人物……選你真正喜歡的。研究所有可得的資料來了解他，然後找出他敬愛的三個人，也盡全力去了解這三個人。就這樣不斷重複這個過程，愈多次愈好，這棵家族樹就會愈長愈高。一旦建立好你自己的家族樹，就可以準備開枝散葉。

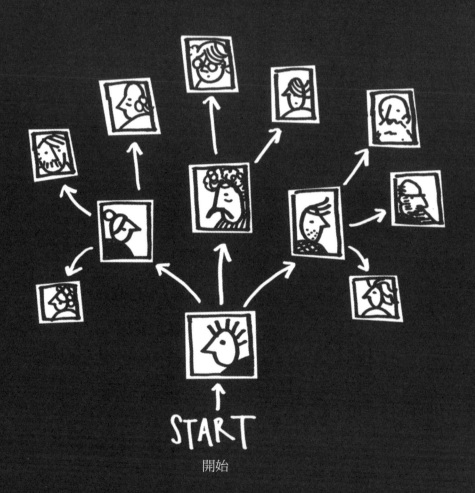

START

開始

把自己當作這棵創意家族樹的一份子，這樣你在進行個人創作的時候就不會太孤單。我的工作室裡就貼了很多我最喜愛的藝術家的照片。他們就像善心的鬼魂，當我埋首桌前時，幾乎可以感覺到他們在督促我向前。

說到已故或遙不可及的大師，有一點很棒：他們不能拒絕你上門自學。你可以在他們身上盡情學習，課程大綱就在他們的作品裡。

讀得深

放得開

繼續想

好好查

SCHOOL YOURSELF.

自我教育

上學是一回事，受教育是另一回事；兩者不一定相關。無論你是否還在上學，總之你都要讓自己接受教育。

你要對自己生活的世界感到好奇：進行調查，打破沙鍋問到底，鑽得比別人更深、才能獨占鰲頭。

什麼都用 Google 搜尋一下，什麼都可以。Google 你的夢想、Google 你的煩惱。問問題之前一定要先 Google，你就會找到答案，或者提出更好的問題。

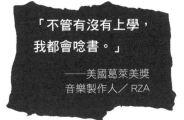

「不管有沒有上學，我都會唸書。」

——美國葛萊美獎音樂製作人／RZA

要一直讀書。去圖書館。書海環繞之下會有奇妙的事發生。在書架間遊走，細讀參考書目。一開始讀哪一本不重要，而是書帶領著你又找到了哪一本書。

蒐集書，即使你不打算馬上讀也要這麼做。美國知名電影製片約翰 · 華特斯（John Waters）說：「最重要的東西莫過於一座藏書還沒人讀過的圖書館。」

不要擔心做研究會太累，搜尋就對了。

SAVE YOUR THEFTS FOR LATER.

偷學來的東西先收好

不管去哪裡都要帶筆記本和筆。要養成習慣，拿出筆記本，記下自己的想法和觀察。抄錄書中你喜歡的段落、寫下和別人的對話、講電話的時候隨手塗鴉。

不管有多不可能，身上一定要帶紙。英國普普藝術大師大衛・哈克尼（David Hockney）就特別訂做西裝外套，所有內袋都可以放素描簿。美國音樂家亞瑟・羅素（Arthur Russell）則喜歡穿胸前有兩個口袋的襯衫，這樣才夠放小張的樂譜紙。

準備一個「贓物檔案夾」。就跟字面上的意思一樣，用它來保存所有你從別人身上偷來的寶。數位或紙本都可以，任何格式都沒關係，只要可以看就好。你可以準備一本素描簿，把東西剪剪貼貼放進去，或者用手機拍照。

看到值得偷學的東西？存進贓物檔案夾。需要一點靈感？打開贓物檔案夾。

報社記者把這種檔案夾稱為「太平間」——這名稱更深得我心。存放在這裡的檔案現在是死的，但未來會在你的作品裡重獲生機。

「拿走不屬於你的東西，總
比任其荒廢來得好。」

——美國文豪／

馬克‧吐溫（Mark Twain）

② DON'T
YOU KNOW
ARE TO GET

WAIT UNTIL WHO YOU STARTED.

不要等到了解自己才開始

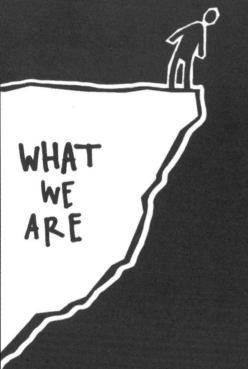

WHAT
WE
ARE

我是誰

WHAT
WE WANT
TO BE

我想當誰

MAKE THINGS, KNOW THYSELF.

從創造中了解自己

如果我要等到了解自己或知道人生目標以後再開始「發揮創意」，那麼，到現在我可能還是無所事事，還試著要找到自我定位，卻一事無成。以我的經驗來看，唯有透過創造以及工作，我們才能了解自己。

你已經準備好了，開始創作吧。

剛開始可能會害怕，這是當然的。受過教育的人普遍都有這種病，是真的有這種病：「假裝症候群」。

「假裝症候群」的臨床定義是一種「無法把個人成就內化的心理現象」，意味著你覺得自己是騙子、虛張聲勢，對於自己的所作所為完全不知意義何在。

你知道嗎？大家都一樣。隨便抓個人來問，就算他們的作品真的超有創意，他們也會老實告訴你：他們也不知道好作品從哪裡來，只是每天上工去做自己的事。日復一日。

FAKE IT 'TIL YOU MAKE IT.

弄假直到成真

你聽過劇場論嗎？這個漂亮的詞彙是莎士比亞 400 年前在劇作《皆大歡喜》中提出來的：

世界是舞台，

你我不過是演員：

每個人各有退場和進場；

一個人同時間要扮演許多角色。

另一個說法，就是**弄假直到成真。**

我喜歡這句話。這句話可以有兩種解讀：

1. 假裝你是個大人物，直到成真——在你成功之前、在每個人都以你期望的方式看待你之前，先假裝一下。
2. 假裝你在創造什麼，直到你真正做出來為止。

這兩種解讀我都喜歡。你的裝扮要符合你想要的工作，而不是你現有的工作；你想要做什麼工作，現在就開始動手。

我也很喜歡歌手佩蒂 · 史密斯（Patti Smith）的書《只是孩子》，這是關於兩個好友為了成為藝術家而搬到紐約的故事。你知道他們如何學著成為藝術家嗎？

「先當 A 貨才能變真貨。」

美國藝術時尚作家／
葛林 · 歐布萊恩（Glenn
O' Brien）

THE SCRIPT 劇本

THE PROPS 道具

THE STAGE 舞台

他們假裝自己是藝術家。書中我最喜歡的一段，也是書名的由來，是佩蒂 · 史密斯和她的朋友——攝影家羅伯 · 梅波索普（Robert Mapplethorpe），穿得一身波西米亞吉普賽風，去到藝術家活躍的華盛頓廣場公園，一對觀光客老夫婦一直盯著他們看。老太太對老先生說：「給他們拍張照。我覺得他們是藝術家。」老先生則說：「算了，我們走吧。他們只是孩子。」

重點是：世界是座舞台。創意工作是一種劇場，你的工作室、書桌、或者電腦，就是你的舞台。你的穿著就是你的戲服——你可以穿著作畫用工作褲、西裝或套裝，或者戴上一頂有助思考的帽子。你的素材、工具、媒介，就是你的道具。劇本就比較普通一點，這裡一小時、那裡一小時，抓好時間，劇本自然就完成了。

弄假直到成真。

START COPYING.

抄就抄吧！

風格或姿態都不是天生的；
沒有人一出生就了解自己。
所以一開始，我們藉由仿效
心中的偶像來學習。模仿，
即學習。

> 「開始模仿你喜愛的東西。
> 就是抄、抄、抄、抄。抄
> 到後來你就會找到自己。」
>
> ——潮流設計師／山本耀司

模仿是一種練習，不是抄襲
——抄襲是要把別人的成果
佔為己有，模仿則是還原工
程，好比技師拆了一台車是為了了解箇中原理。

THE HUMAN HAND IS INCAPABLE of MAKING A PERFECT COPY.

人的手沒辦法模仿出一模一樣的東西。

我們學寫字時，得先跟著描筆畫來寫；音樂家學演奏時，要先練音階；畫家學畫時，也要先臨摹名作。

記住：就連披頭四一開始也是翻唱別人的歌曲。保羅・麥卡尼（Paul McCartney）曾說：「我模仿過巴弟哈利、小理察、傑瑞李・路易士，還有貓王；我們都是這樣的。」麥卡尼和約翰・藍儂（John Lennon）是史上最傑出的寫歌搭檔，但麥卡尼說，他們開始寫自己的歌只是為了「讓別的樂團不會唱到我們的曲目」。超現實主義畫家薩爾瓦多・達利（Salvador Dali）也說過：「沒想過要模仿什麼東西的人，也做不出什麼東西。」

首先，你得找到模仿的對象。再來，你得決定要模仿什麼。

模仿的對象不難找，你可以模仿你的偶像——你所愛的人、啟發你的人、你想成為的人。創作歌手尼克・路易（Nick Lowe）說：「第一步，就是把偶像的曲目拿來全部重寫。」你不會只偷學一個偶像，而是從每個偶像身上都偷學一點。劇作家威爾森・米茲納（Wilson Mizner）說，如果你只模仿某一個作家，就是抄襲；但是如果模仿很多作家，就是研習。我也曾聽漫畫家蓋瑞・潘德（Gary Panter）說：「如果你只受某一個人影響，大家會說你是下一個誰誰誰；但如果你偷學的對象有一百個，大家就會說你渾然天成！」

要模仿什麼就比較難說了。不要只偷學風格的表面，要連風格背後的思想一起學。你不是要變成巨人，而是要站到巨人的肩膀上。

之所以要模仿你的偶像及其風格，是因為這樣或許可以一窺他們內心。那也才是你真正的目的──了解他們眼中的世界。如果你只模仿人家的表面功夫，卻不了解他們的風格如何而來，那麼你的作品也只會是冒牌貨。

IMITATION IS NOT FLATTERY.

模仿不是為了討好

「我們想讓你來偷學。希望你一開始先來偷，因為你還偷不走精髓，你只能拿走我們給你的，用你自己的方式呈現，那也就是你找到自己聲音的方法，也就開始成為藝術家。然後有一天，別人就會來偷學你的東西。」

——《教父》導演／
法蘭西斯・福特・科波拉（Francis Ford Coppola）

到了某個階段，你得從模仿偶像走向與偶像同化。模仿是複製，同化則比模仿更進一步，要有所突破並化為己有。

「沒有什麼叫新動作。」NBA 球星布萊恩（Kobe Bryant）承認，他場上所有的動作，都是從觀看偶像球星的錄影帶學來的。但布萊恩一開始偷學這些動作的時候，他知道自己沒辦法分毫不差地重現，因為他的體型跟偷學的對象不一樣。他需要調整那些動作，才能化為己有。

脫口秀主持人康納 • 歐布萊恩（Conan O'Brien）曾經談過喜劇演員如何想與偶像同化，落得東施效顰，卻也自成一格。強尼 • 卡森（Johnny Carson）想要變成傑克 • 班尼（Jack Benny），但還是強尼 • 卡森；大衛 • 賴特曼（David Letterman）想要模仿強尼 • 卡森，卻成了大衛 • 賴特曼。然後康納 • 歐布萊恩想成為大衛 • 賴特曼，卻變成康納 • 歐布萊恩，他也說：「正因為無法達到心目中的理想，我們才能找到定位，與眾不同。」謝天謝地。

	GOOD THEFT	BAD THEFT	
偷得好	vs.		偷得糟
錦上添花	HONOR	DEGRADE	每況愈下
研究	STUDY	SKIM	略讀
偷學很多人	STEAL FROM MANY	STEAL FROM ONE	偷學一個人
引用	CREDIT	PLAGIARIZE	剽竊
轉化	TRANSFORM	IMITATE	模仿
重整	REMIX	RIP OFF	偷竊

「這些動作我都是從各個優秀球員身上偷學來的，我只是要讓前輩以我為榮，因為我從他們身上學到這麼多。這一切都是為了籃球比賽，不是我而已。」

——NBA 球星／布萊恩

人類一個絕佳的缺點，就是我們無法模仿得天衣無縫。畫虎不成反類犬的時候，我們才發現自己的犬好在哪裡，也才得以進化。

所以：去模仿你的偶像。檢查哪裡學得不夠像，是什麼原因讓你不一樣？那就是你應該放大並轉化成為自己作品的關鍵。

最後的最後，只是一味模仿偶像不會讓他們高興，要把他們的作品轉化成你自己的，他們才會欣慰，用非你不可的方式讓世界增色。

③ WRITE
YOU WANT

THE BOOK TO READ.

寫你想讀的書

蒐集創意家族樹需要的枝幹

① GATHER THE BRANCHES ON YOUR TREE

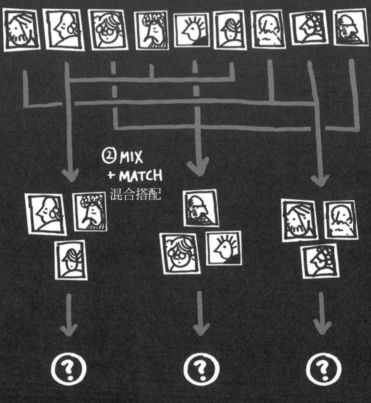

② MIX
+ MATCH
混合搭配

③ MAKE WHAT THEY WOULD MAKE

依樣畫葫蘆

WRITE WHAT
YOU ~~KNOW~~ LIKE.

寫你所知 愛

《侏儸紀公園》在我十歲生日的那天上映。我愛死這部電影了，離開戲院的時候，我想看續集想得要死，於是隔天我就坐在老電腦前自己寫了續集。在我編的故事裡，被迅猛龍吃掉的看守員之子，和侏儸紀公園創辦人的孫女一起回到島上；他們一個想摧毀這裡，另一個則想要保留僅存的公園。當然，他們也墜入情網，冒險接踵而來。

當時我不知道我編的東西叫做同人小說，亦即依據既有的角色虛構故事。

十歲的我把故事存在硬碟裡，幾年後《侏儸紀公園》第二集終於上映，卻令人大失所望。和我們自己腦海裡的續集相比，任何續集都只算差強人意。

每個年輕作家遲早都會問的問題是：「我應該寫什麼？」標準答案是：「寫你知道的東西。」可惜這個建議總是生出一堆乏味的爛故事。

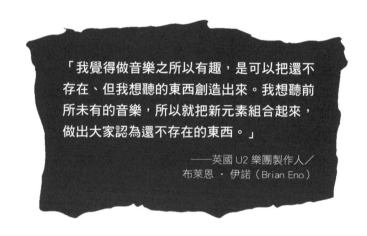

「我覺得做音樂之所以有趣，是可以把還不存在、但我想聽的東西創造出來。我想聽前所未有的音樂，所以就把新元素組合起來，做出大家認為還不存在的東西。」

——英國 U2 樂團製作人／
布萊恩．伊諾（Brian Eno）

我們創造藝術，是因為我們喜歡藝術。我們受到某些作品吸引，是因為我們受到創作的藝術家鼓舞。所有的小說，其實都是同人小說。

我建議你最好不是寫你所知，而是寫你所愛。寫你最喜歡的那種故事，寫你會想讀的故事。同樣的道理也可以用在你的生活和職場上，每當你對下一步要往哪裡走感到困惑，只要問自己：「這個故事怎麼發展比較好？」

美國搖滾樂團獵鹿人（Deerhunter）的成員布萊弗德・考克斯（Bradford Cox）說，他小時候沒有網路，想聽心愛樂團的新專輯都必須等到正式發行日。他會玩一個遊戲：坐下來把他想在新專輯裡聽到的歌曲錄成一張「假」專輯，然後等到新專輯上市，再把自己寫的歌跟實際專輯裡的歌拿出來比一比。想不到，這些他寫的歌後來都變成獵鹿人樂團的歌了。

當我們愛上一件作品，就渴望得到更多，迫切地想看到續集。那麼，何不把這種欲望轉化為生產力呢？

想想你最喜歡的作品、你心目中最有創意的大師。他們哪裡還未臻完備？有什麼東西沒做出來？有哪些可以做得更好？如果他們現在還活著，今天他們會做出什麼作品？如果你所有喜愛的藝術家攜手合作，由你來主導這個團隊，又會完成什麼作品？

大膽去做。

就是這句話：畫你自己想欣賞的藝術，開創你想經營的生意，玩你想聽的音樂，寫你想讀的書，打造你想用的產品──做你想看到有人做好的工作。

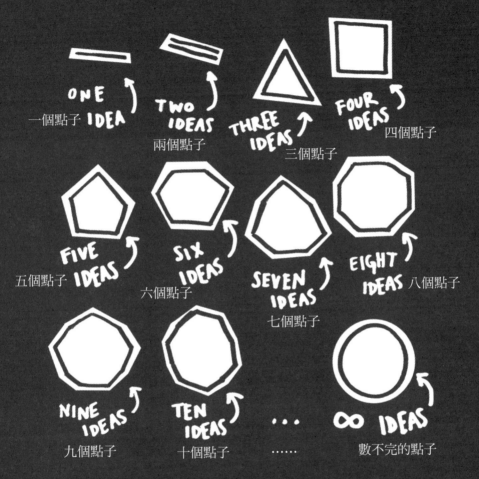

④ USE

YOUR
HANDS.

雙手萬能

「我們不知道創意是哪裡來的，我們只知道，創意不是從電腦裡來的。」

——英國演員／
約翰 · 克利斯（John Cleese）

STEP AWAY FROM THE SCREEN.

離開電腦

我最喜歡的漫畫家琳達 · 貝瑞（Lynda Barry）曾說：「在數位時代，別忘了你還有十根手指！」你的雙手正是原創的數位裝置，拿出來用吧。

雖然我很愛我的電腦，但我覺得電腦奪走了我們從事創作的自覺，而認為自己只是在敲鍵盤、按滑鼠，這也是為什麼所謂的知識工作如此抽象。替電台司令樂團（Radiohead）製作所有專輯封面的藝術家史丹利 · 唐伍德（Stanley Donwood）說，電腦使人疏離，因為使用者和其他所有事物中間都隔著一層玻璃螢幕，「除非你把東西印出來，不然你根本摸不到自己手上進行的作品。」

看看正在用電腦的人，他們動也不動。你不需要（但要找也有好幾個）科學研究來告訴你，一整天坐在電腦前有害健康、有害創作。我們要活動活動，感覺到我們不是只用腦，而是用身體力行創造。

只動腦的作品不會出色。觀賞一場偉大音樂家的演出，聆聽偉大領導人的演講，你就會了解我的意思。

你要想辦法把肢體帶進工作。我們的神經不是單行道，身體可以告訴大腦的訊息，就跟大腦可以告訴身體的一樣多。你知道「在行動中思考」這句話嗎？創意工作的絕妙之處就在於：我們可以在行動中思考，漫不經心地撥撥吉他、在會議桌上整理便利貼，或開始揉捏陶土，這些動作都會刺激大腦開始思考。

ART THAT ONLY COMES FROM THE HEAD
ISN'T ANY GOOD.

只動腦的作品不會出色。

「我看著電腦螢幕這片發光的長方形面板已經夠久了。讓我們多花點時間在真實世界裡做點事，像是種花、遛狗、讀本書、聽歌劇。」

——美國知名圖表設計師／愛德華‧塔夫特（Edward Tufte）

大學時我參加過創意寫作工作坊，所有作業的格式都必須是兩倍行高、細明字體。我幾乎寫不出好東西，對我來說寫作再也不有趣。詩人凱・萊恩（Kay Ryan）說：「從前沒有創意寫作課程的時候，工作坊指的是一個地方，通常是地下室，讓你可以縫衣服、敲鐵鎚，鑽洞或磨平什麼東西。」作家布萊恩・科特利（Brian Kiteley）說，他試著讓他設立的工作坊貼近原意，「一個清爽、通風良好的房間，裝滿工具和素材，多數的工作都得動手做。」

一直到我開始把手作工具帶回創作過程，我才又覺得創作很有趣，我的作品也有了進步。在我第一本書《塗黑詩集》（*Newspaper Blackout*）的創作過程中，我盡量保留手感。書中每一首詩都是用一整篇新聞報導和一支奇異筆創作出來的。創作過程中我動用許多感官：手上有新聞油墨的觸感、奇異筆筆尖細微的摩擦聲、筆頭的氣味——似乎有魔法在其中。我寫詩的時候，感覺不像在工作，而像是在玩耍。

用電腦來整理思緒很方便，用來把想法預備好，發佈到全世界也很方便，但若要用來產生創意就不怎麼有用。我們有太多按下刪除鍵的機會，電腦讓我們每個人都成了焦躁的完美主義者，想法還未成形，我們就開始東修西改。漫畫家湯姆‧高德（Tom Gauld）說，在他還沒把要畫的連環漫畫大綱想得透徹以前，他會離電腦遠遠的，因為一旦開機，「作品就勢必走向終點，但在我的素描簿裡工作，還有無限可能。」

數位

DIGITAL

ANALOG

手作

（MY OFFICE）
（我的工作室）

我在編排《塗黑詩集》頁序的時候，把所有原稿掃描到電腦裡，印在小張的四方紙上，然後把這些紙片鋪滿整個工作室，接著疊成幾疊後，再全部堆好，之後再把順序記錄到電腦裡。那本書就是這麼做出來的，先手動、然後上機、再手動、再上機，有點像手作－數位的迴圈。

現在我試圖把所有的工作比照辦理。工作室裡我有兩張書桌，一張「數位」、一張「手作」。手作桌上只有奇異筆、原子筆、鉛筆、紙、書目卡，以及報紙，桌上不能有任何電子器材。我多數的作品都是在這裡完成，桌上滿是創作過程的真實軌跡、以及創作中殘餘的東西。（硬碟會當機，紙本不會。）數位桌上則有我的筆電、掃描器，以及繪圖板；我在這裡編輯並發表我的作品。

試試看：如果空間夠大，設置兩張工作桌：一張手作桌、一張數位桌。你的手作桌上不能有任何電子產品。帶三百塊錢

去文具店買紙筆和便利貼，買好後回到手作桌，假裝現在是美勞時間，在紙上畫一畫，剪下來，再貼回去。創作的時候要站起來，把東西貼在牆上，然後找出其中規則。把東西在房間裡全部攤開來，揀選分類。

靈感開始湧現以後，就轉到數位桌去，上機付諸實現並發佈。開始腸枯思竭的時候，回到手作桌上再玩一玩。

⑤ SIDE AND ARE

PROJECTS
HOBBIES
IMPORTANT.

空閒計畫和嗜好很重要

「你在拖延正事的時候做了什麼，可能就是你下半輩子應該繼續做的工作。」

——美國新銳圖文設計師／潔西卡·赫許（Jessica Hische）

PRACTICE PRODUCTIVE PROCRASTINATION.

練習高效率的忙裡偷閒

在我不算長的職業生涯裡，我學到一件事：空閒計畫才會大鳴大放。我所指的空閒計畫就是你以為只是做好玩的計畫、玩玩而已的東西。其實那才是好東西，魔法就在其中。

我覺得同時有很多案子在進行是件好事，讓你可以不時切換。覺得某個案子無聊，換到下一個；又覺得無聊了，就回到原來的案子。提高自己忙裡偷閒的效率。

看看窗外

到街上走走

出門去

吃個三明治

無聊也無妨。有一次我聽同事說：「我變忙的時候就會變笨。」千真萬確。想要有創意的人，就需要有時間無所事事。我有些最棒的點子是在很無聊的時候想出來的，這也是為什麼我從來不把襯衫送去乾洗。我喜歡燙襯衫，因為這件事無聊得要命，所以我經常想到好點子。如果你沒有靈感了，就去洗洗碗，散步走遠一點，盯著牆上某一點看愈久愈好。藝術家梅拉 · 喀爾曼（Maira Kalman）曾說：「逃避工作正是我專心的方法。」

花點時間四處瞎混。人間蒸發。你永遠不知道你會走到哪裡去。

DON'T THROW ANY OF YOURSELF AWAY.

完全忠於自我

如果你有兩、三樣熱衷的興趣，不要覺得自己非得擇一不可；不需要放棄，要留住生命中所有熱情。這是我從劇作家史蒂芬 · 湯林森身上（Steven Tomlinson）學來的。

「想把事件因果串連起來，不能往前看，而要往回看。」

——蘋果電腦前執行長／史帝夫 · 賈伯斯（Steve Jobs）

ATTENTION
Do not
leave your
longings
unattended

注意
不要忽略了你的渴望

不要擔心作品是否連貫，
把你所有作品串連起來的就是你。

湯林森認為如果你興趣多元，就要持續花時間投入。「讓各種興趣彼此交流，就會開始有變化。」

當然你也可以只專注在一個興趣上，其他的都置之不理。但不消多久，你就會覺得肢體隱隱作痛。

我的少年時光都花在寫歌、玩樂團，但後來我決定專心寫作，所以有五年的時間幾乎都沒玩什麼音樂，結果那種隱隱作痛的感覺愈來愈強烈。

大約一年前我再度開始玩樂團；現在，我漸漸覺得自己完整無缺。難以置信的是，音樂沒有讓我分心，反而因為音樂的互動，我的寫作更上一層樓了。我可以感覺到大腦內部新的神經突觸正火力全開，創造新的連結。我的同事中大約一半是音樂家（這在德州奧斯汀並非少見），也不盡然是「創意工作者」——很多人是客戶關係經理、地產開發商等等。然而他們都會告訴你：音樂替他們的工作提供養分。

擁有嗜好非常重要，嗜好是專屬於你的創意。你不會想拿嗜好賺錢或出名，只是圖個開心。嗜好是付出但不求回報。例如我的創作是給大眾觀賞，音樂卻只屬於我和朋友們。每個禮拜天會聚在一起，吵吵鬧鬧幾個小時，沒有壓力也沒有計畫，但是讓我們感覺重獲新生，就像上教堂一樣。

不要拋棄任何一部份的自己。不要擔心作品是否有宏大的結構、有一致的視野。不要擔心作品是否連貫，把你所有作品串連起來的就是你。有一天，你回首今日，一切就都會有了意義。

(6) THE
DO GOOD
SHARE IT

SECRET:
WORK AND
WITH PEOPLE.

絕招：做好東西就要與人分享

WHAT YOU LOVE

你愛的

WHAT LOVES YOU BACK

市場愛你的

IF you'RE LUCKY.

運氣好的話

IN THE BEGINNING, OBSCURITY IS GOOD.

一開始，不受注意是好事

許多年輕人寫電子郵件問我：「如何才能獲得賞識？」

我能了解他們的心情，許多人離開校園後，免不了都有這種疑惑。教室是人為建構的美好空間，教授關心你的創作來賺取授課薪資，同學付費上學關心你的創作，人生再也沒有機會擁有如此的觀眾。

但是不久之後你就會明白，世界上有多數人未必在意你的想法，聽來殘酷，卻很真實，一如作家史蒂芬 · 普雷斯菲德（Steven Pressfield）所言：「人們並非殘忍或惡毒，只是太忙。」

這其實是好事一椿，因為你會希望完成傑出作品後，再廣受世人注意。這樣在你沒沒無聞的時候不會有壓力，可以恣意而為、不斷實驗，可以堅持無樂不作。成名之前，沒有任何事會阻礙你進步，不需處理公關形象、不需記得兌現高額支票、不必應付股東、不會收到經紀人的電子郵件、不會有跟屁蟲。

一旦人們開始注意你，尤其一旦他們開始付費購買你的作品，這種自由便永不復返。

盡力享受與善用未成名時期。

THE NOT-SO-SECRET FORMULA

其實大家都知道這個公式

如果成名有什麼祕密公式，我一定會與各位分享，可惜我只知道一項眾所周知的公式：創造佳作，與人分享。

成名的過程分為兩個步驟：第一步就是「創造佳作」，非常困難，沒有捷徑。每天持續創作，起初你的作品肯定很糟，失敗後，再進步。第二步是「與人分享」，這原本也很困難，直到約莫十年前才有所改變，如今非常簡單，把作品公開在網路上即可。

我跟大家說了這個公式之後，他們會反問：「使用網路有什麼祕密可言？」

STEP ONE:
WONDER AT
SOMETHING

第一步：
對事物感到納悶

STEP TWO:
INVITE OTHERS
TO WONDER
WITH YOU

第二步：
邀請別人一起納悶

第一步：對事物感到納悶，**第二步：**邀請別人一起納悶。你要對別人不感興趣的事物覺得好奇，如果人人都在想蘋果，你就想橘子，你對分享愛好事物的態度愈開放，別人與你的作品感受就更親近。藝術家並非魔術師，公開祕密不是罪過。

各位或許不相信，我從羅斯（Bob Ross）與瑪莎‧史都華（Martha Stewart）身上獲得許多靈感。畫家羅斯常出現在美國公共電視節目中，教導觀眾如何畫畫，公開自己的祕密；瑪莎‧史都華教導大眾如何改善住家與生活，公開自己的祕密。人們總喜歡聽別人公開祕密，如果加上擅於包裝，有時候人們還會願意購買你所販售的東西。

當你選擇開放、邀請眾人加入，你也會學習到不少。人們上傳詩作到我的《塗黑詩集》網站，我從中獲益良多，也發現許多值得竊取的事物，我的收穫與詩作創作者的收穫相當。

不是只在有話想說時才上網發聲，也可能在上網後才找到想說的話；並非只有成品才能放上網路，網路也能夠孕育尚未完全成形的想法，培育各位還沒開始的作品。

許多藝術家擔心，網路活動會讓創作數量下滑，我反倒覺得網路有提醒功能。多數網站及部落格都採取日期倒敘排列，讓最新文章置頂，所以訪客總是先讀到最新作品，這讓人時時保持警覺，不斷思考接下來該發表什麼內容。擁有容器後，人們就會想要填滿它，這些年來，每當我感到迷惘，我都會看著網站自問：「還能裝什麼進去？」

創作的生命歷程 *

THE LIFE OF A PROJECT*

THIS IS THE
BEST IDEA EVER

史上最佳構想

OK, THIS IS HARDER
THAN I THOUGHT

嗯，比我想像中困難

THIS IS GONNA
TAKE SOME WORK

得花點心力

爛透了，　THIS SUCKS—AND
無聊死了　IT'S BORING

(DARK NIGHT
OF THE SOUL)

（靈魂的黑夜）

完成了，結果很糟，
但沒有想像中那麼糟

IT'S DONE AND
IT SUCKS, BUT
NOT AS BAD
AS I THOUGHT

IT WILL BE GOOD TO FINISH
BECAUSE I'LL LEARN SOMETHING
FOR NEXT TIME

我得完成作品，下次才知道
怎麼改進

✱ STOLEN FROM MY FRIEND MAUREEN MCHUGH

* 我從朋友麥克修（Maureen McHugh）偷來的概念

SHARE your DOTS,
BUT DON'T
CONNECT THEM.

分享重點，但不要相連

學著編寫程式碼，研究如何架設網站，研究部落格，研究推特、社群網站及其他事物，在網路上尋找同好，建立彼此的連結，彼此分享。

不必一切都與人分享，有時最好也選擇藏私，只要透露一絲內容，分享一張草稿、簡圖或部分內容，讓人一窺創作過程就好。想想你可以分享的東西可能對別人很有價值，分享你在創作途中發掘的訣竅，分享某篇文章的連結，或是推薦你正在閱讀的書都可以。

若你對分享祕密尚有疑慮，你可以分享重點，但不要提供連結，要公布哪些內容得由你自己決定，你可以自行控制分享的內容與範圍。

「別擔心他人竊取你的構想，若你的想法確實很棒，你會想盡辦法說服他人接受。」
——計算機應用先驅／霍華・艾肯（Howard Aiken）

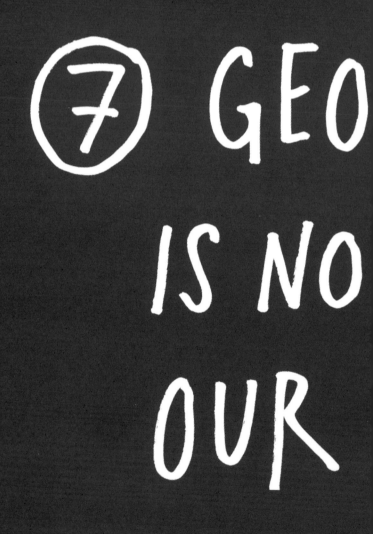

GRAPHY LONGER MASTER.

網路無國界，距離帶來靈感

BUILD YOUR OWN WORLD.

打造自己的世界

我從小在俄亥俄州南部的玉米田中長大,小時候,我只想離開一成不變的環境,去感受世事變遷。

如今我住在德州奧斯汀,這個地方相當時髦,到處都是藝術家與創意人士,但對我而言,90% 的良師益友都不住在奧斯汀,他們住在世界各地,我透過網路結識這些人。

換言之,我的藝術思維與對話多數都在網路上發生,我的藝術活動不限於某一區域,因為我擁有一群推特上的好友與Google 閱讀器。

你不用離鄉背井，只要住在你現在住的地方，就可以開始與自己感興趣的世界連結。要是你覺得自己坐困愁城，覺得自己年紀太小、太老、太窮，覺得自己離不開某處，別因此氣餒，你還有許多機會與世界連結。

你如果對自己居住的世界不感興趣，也可以自己打造一個世界（現在很適合戴上耳機，播放海灘男孩的歌曲《在房間》），在身邊擺滿書籍及喜愛的事物，把東西黏在牆上，建立自己的世界。

卡夫卡（Franz Kafka）曾寫道：「你未必得離家，坐在桌前傾聽，甚至不需傾聽，只需靜靜等待，也不必等待，只需獨自靜止，整個世界自會向你敞開。」而且卡夫卡還比網路世界早了一百年！

ENJOY CAPTIVITY. 享受拘束

你只需要一塊小地方、一點時間來工作，一些些自找的孤獨與短暫的拘束，如果居住環境有限，有時在荒野間也能找到孤獨與受到拘束的機會。小時候，母親常拉著我去購物商場，她去購物之前，總會先帶我到書店，買本我想要的書，之後走進其他商店，我就坐在椅子上讀書，讓她盡情採購，這種習慣延續多年，我也因此讀了許多書。

如今我擁有汽車和手機，永遠與世界連結，永遠不會獨處或受到拘束。所以，雖然開車可以節省 20 分鐘，我還是搭公車上下班；我常去的理髮店不接受預約，沒有無線網路，也總是門庭若市，所以得等好幾個小時；我在機場裡絕不打開電腦；我也常逛圖書館。

我總是帶著一本書、一支筆，和一疊筆記紙，我也喜歡享受孤獨與暫時的拘束。

LEAVE HOME.

走出家門

「距離與差異是創意的祕方。我們回到家，家還是以前的家，但在心裡有些事物已經改變，一切也因此改變。」

——美國暢銷科普作家／
喬納・雷勒（Jonah Lehrer）

雖說距離不再重要，但不代表地點並不重要，居住地仍大大影響你我的工作。

如果有機會，你得走出家門，最後可以選擇回鄉，但至少得離家一次。

在日常環境裡，大腦會變得安逸，所以你必須顛覆現況，必須在異地生活一段時間，與生活習慣不同的人相處。旅行讓世界變得新鮮，也讓大腦更賣力運作。

我很幸運，能在 19 歲與 20 歲時居住在義大利和英國，改變我的人生。但我得強調，外來文化未必等於遠渡重洋或另赴他國，對我的兒時玩伴而言，德州就可能和火星一樣遙遠（我已經在德州住了一段時日，有時仍然感覺這裡像火星）。

INSIGHT

眼光

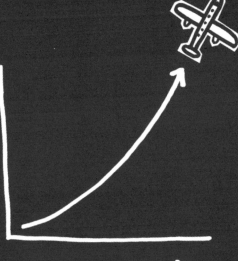

DISTANCE

距離

我們知道自己得走出家門，可是該去什麼地方呢？該到什麼地方居住呢？其中有諸多因素必須考量，也都取決於各位的喜好。我個人覺得在氣候愈惡劣的地方，創作出來的作品就愈優秀，因為不想出門，就會待在家裡創作。我住在克里夫蘭時，因為冬天氣候嚴峻，反倒完成很多作品；搬到德州後，創作都集中在酷暑完成，克里夫蘭的冬季與德州的夏季大概都有半年那麼長。

如果你身邊都是有趣的人，肯定對你有幫助，但他們的行業最好是五花八門，若身邊只有作家和藝術家，我總覺得像是近親繁殖，所以我很喜歡和奧斯汀市的導演、音樂家、科技人士往來。飲食也很重要，你得找到能滿足創意、社交、精神層面和物質欲望的場所。

即使你已經組了新家庭，偶爾還是得離開，或許到了某個階段，再遷居其他地方。好消息是，到了現代，你的同伴總會在原地等著你——和你在網路上重聚。

⑧ BE

(THE

A SMALL

NICE.
WORLD IS
TOWN.）

要做好人（世界很小）

我來交朋友

MAKE FRIENDS, IGNORE ENEMIES.

結識朋友，忽略敵人

我來這裡只有一個目的：交朋友。

在高度發達的網路世界裡，有條屢試不爽的金科玉律，真的。請記住，只要在網路上談論他人，對方肯定會發現。人人都會在網路上搜尋自己的姓名，如何在網路上擊敗敵人呢？別理他就好了；若想在網路上交朋友，讚美才是王道。

「我只知道一條規則：與人為善。」

——美國黑色幽默代表作家／馮內果（Kurt Vonnegut）

STAND NEXT TO THE TALENT.

與有才華的人為伍

「我只和值得效法的
人們往來。」

——美國知名嘻哈靈魂樂
音樂人／Questlove

還記得何謂「進來是垃圾，出去也是垃圾」嗎？你只會變得
跟你身邊的人一樣好。在數位時代，我們要追隨最優秀的人，
他們比我們更聰明、更有成就；追隨從事最特殊行業的人物，
注意他們談論的話題、投入的計畫、關心的事物。

你需要

YOU WILL NEED:

□ CURIOSITY 好奇心

□ KINDNESS 善心

□ STAMINA 決心

□ A WILLINGNESS 大智若愚
  TO LOOK STUPID

哈洛 · 拉米斯（Harold Ramis）是位演員兼導演，在我這一輩觀眾心目中，他因為在電影《魔鬼剋星》（*Ghostbusters*）裡飾演伊根一角而成名，他曾提及自己的成功法則：「找出現場最優秀的人才，若不是自己，就站在他身旁，和他交流切磋，適時地自願幫忙。」拉米斯很幸運，因為在場最優秀的人才，恰好是他的朋友比爾 · 墨瑞（Bill Murray）。

你如果發現自己是在場最傑出的人，就得趕緊換個地方。

"QUIT PICKING FIGHTS AND GO MAKE SOMETHING."

「別吵了，快去做事吧。」

想必你會覺得世界上充滿蠢事，所以想要出面糾正。有天深夜，我仍坐在電腦前，我太太對我大叫：「不要在推特上筆戰了，做點實際的事！」

她說的沒錯，但憤怒常常是我的靈感來源。演員兼搖滾樂手亨利‧羅林斯（Henry Rollins）曾說他自己既憤怒又好奇，因此能不斷進步。有時早上我賴床，就躺著讀電子郵件與推特訊息，直至熱血沸騰，讓自己想要從床上跳起來。但與其浪費怒氣來埋怨或訓斥他人，我寧願用文字或繪畫宣洩情緒。

憤怒

所以盡情生氣無妨，但記得閉嘴專心工作。

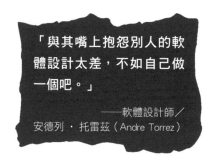

「與其嘴上抱怨別人的軟體設計太差，不如自己做一個吧。」

——軟體設計師／
安德列・托雷茲（Andre Torrez）

WRITE FAN LETTERS.

寫信給偶像

小時候，我常寫信給心目中的英雄，也幸運獲得不少回信，但我後來發現，這種信件也挺麻煩的，因為收信人會有回信的壓力。人們寫這種信件時，常常期望獲得祝福與肯定，一如我朋友麥李歐德（Hugh MacLeod）所言：「要獲得認可，最好的方式就是不需要被認可。」

你如果真心喜愛別人的作品，就不必要對方一定得回應。要是寫信的對象已經過世一百年，就更沒有收到回信的機會了，抱歉。

我建議公開讚美偶像，網路就是非常適合的媒介，寫一篇部落格文章，讚美別人的作品，連結至對方網站，用行動向心中的英雄致敬；回答偶像拋出的問題，解決偶像的難題，或是改進偶像的作品，然後利用網路分享。

或許這些英雄會見到這些作品，或許他會回覆，不過重點在於你已表達心意，但不必要求任何回應，自己也因此創作出新作品。

自我肯定

VALIDATION IS FOR PARKING.

停車才需要停車位（創作又不是停車）

「現代藝術＝我也做得到＋當然，但你沒做。」

——藝術作家／克雷格 · 丹勞爾
（Craig Damrauer）

從事創意工作的麻煩之處在於，等到別人終於了解你的工作有何價值，你可能已經無聊到放棄，或是已經死了。所以啦，你不能追求外界認可你的成就，作品一旦公諸於世，就無法掌控別人對作品有何反應。

但說來諷刺，真正優秀的作品，表面上都看似不費吹灰之力，人們會說：「我之前怎麼沒想到？」可是卻看不到背後多年的辛勞和血汗。

你的作品未必人人明白，他們可能誤讀其中意涵，甚至大肆抨擊，因此請習慣遭人誤解、貶低或忽視。箇中訣竅就是忙著工作，便無暇在意。

KEEP A PRAISE FILE.

收集讚美信

生命很孤獨，充滿挫折與失敗。沒錯，停車才需要停車位，
創作可不是停車，但是作品獲得別人肯定時，還是會受到極
大鼓勵。

有時我很幸運，作品在網路上推出一、兩個星期後，就會接
到無數推特訊息與電子郵件，稱讚我的創作，讓我感覺非常
美好，有些迷惘，但也很興奮，不過我知道高潮總會消退。
幾個星期後，我會陷入黑暗期，幾乎想要放棄，懷疑自己為
何還要在這裡浪費時間。

沒有痛苦

所以我會將各種讚美的電子郵件收進特定檔案夾內（批評的電子郵件則立刻刪除），每當進入低潮，需要提振精神的時候，就打開這個檔案夾，瀏覽其中幾封電子郵件，然後再繼續工作。與其留下退稿信，不如留下讚美信，在偶爾需要提振精神時回顧，但切勿沉迷於往日榮光裡。

⑨ BE

(IT'S THE

TO GET WORK

BORING.
ONLY WAY
DONE.)

要耐無聊（只有這樣才能把事情做好）

「生活維持常態與規律，工作上才有衝刺的動力和原創的靈感。」

——法國現實主義作家／
福樓拜（Gustave Flaubert）

TAKE CARE OF YOURSELF.

照顧自己

老實說，我的生活很無趣，工作朝九晚五，居住環境寧靜，與妻子和狗同住。在人們想像中，創意大師習慣嗑藥、居無定所、生活荒淫，但這種幻想早已成為過去式，過那種日子的人要嘛是超人，要嘛會英年早逝。事實上，發揮創意十分費力，無法在其他事物上虛擲光陰。

你最好要多活一段時日（所以佩蒂 • 史密斯才會建議年輕藝術家去做牙科健檢），記得吃早餐，做幾回俯地挺身，多多散步，睡眠充足。

尼爾・楊（Neil Young）曾唱過：「寧願燃燒生命，也不默默死去。」但我建議各位細水長流，享受兒孫之福。

STAY OUT OF DEBT.

避免負債

我認識的多數人都不願談錢，但為了自己著想，請盡早學會管理金錢。

我的祖父曾告誡我父親說：「兒子，重點並非賺了多少，而是能留住多少。」請擬定預算，量入為出，不浪費食物、不浪費分毫，盡力儲蓄，花最少的錢取得所需的教育。要留住金錢，關鍵在於向消費文化說不，別叫外賣，別喝一杯 120 元的拿鐵咖啡，若舊電腦還堪用，就別急著換新。

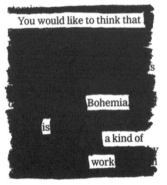

你可能以為波西米亞
是一種工作

睡眠時間夠久

了解金錢

投入時間

KEEP YOUR DAY JOB.

要有正職工作

事實證明，即使你很幸運，能以個人興趣為業，也還是得花一段時間，才能達成目標。在此之前，別放棄正職。

正職可維持收入、保持人脈、建立規律的生活。不用擔心錢的問題，才能自由創作。攝影師康寧漢（Bill Cunningham）曾說：「若不向客戶收費，他們就無法叫你做事。」

正職工作讓你踏上別人走過的路，向他們學習，向他們偷學。我過去選擇職業時，都希望從中學到有助於未來工作的技能：在圖書館工作讓我學會研究，網路設計讓我學會架設網站，文案撰寫經驗讓我學會用文字推銷。

正職工作最大的缺點在於占去時間，但也因此能幫你建立日常規律，讓你能安排固定時間，精進創意。**相較於擁有大把時間，建立與維持規律更顯重要**。惰性是創意的殺手，你必須維持工作習慣，否則就會開始害怕工作，因為你知道成果會很糟，除非你的工作重新上了軌道，不然就會一直糟下去。

解決方法非常簡單，找出自己能夠善用／偷到的時間，並且堅守規律，無論如何都維持每日工作，沒有假日、沒有病假、沒有停歇，如此各位就會發現，帕金森定律的推論通常沒錯，工作總能在手中零碎時間完成。

沒有人說這樣會很有趣，你大概常常會覺得自己過著雙面人的生活，詩人拉金（Philip Larkin）曾說，人們最好能「學著完全精神分裂，利用每個人格逃離其他人格」。

關鍵在於找個薪資不差的正職，工作內容不會讓人想吐，還能保留足夠精力在閒於時間創作。好的正職工作或許難尋，但確實存在。

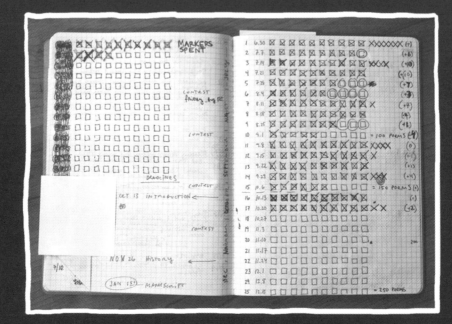

THE CALENDAR I USED FOR MY FIRST BOOK

我寫第一本書時用的行事曆

GET YOURSELF A CALENDAR.

善用行事曆

要累積工作經驗或開創事業時，都得長期一點一滴累積許多片段的成就。每天寫一頁看似微不足道，但維持 365 天不間斷，可能就足以完成一部小說。成功說服客戶就是一次小小勝利，累積數十次就可能升職。

行事曆能幫你規劃工作、訂定明確目標、維持日常進度，喜劇演員傑瑞・賽恩菲德（Jerry Seinfeld）就利用行事曆，幫他保持每日寫笑話的習慣，他建議使用吊掛式年曆，將工作切割為每日份量。每天只要完成工作，就在當天畫個大叉，如此一來，每天的目標就不再是完成工作，而是畫一個叉。賽恩菲德說：「幾天之後，就能連成一線，只要持之以恆，就能愈連愈長；經過幾個星期，你會很高興見到這條長鏈沒有間斷，而接下來的目標，就是不要讓鏈結中斷。」

張貼行事曆，畫上大叉，別讓鏈結中斷。

KEEP A LOGBOOK.

留下記錄

除了記錄未來要做的事，也必須記錄過往事件，這本日誌未必是日記或雜記，只是羅列出自己每天所做的事、正在進行的計畫、到哪裡吃午餐、看了什麼電影，這樣比詳細寫日記容易許多。日誌所能發揮的效果，特別在經過幾年後，也會令你驚訝，裡頭的小細節能幫助你記起大的細節。

以前水手在日誌上記錄今日航行距離，各位也需要這項功能，記錄自己這艘船今日的航行距離。

「你若自問，今天發生什麼好事？我們通常會強迫自己回想最近經歷的快樂時光，因為人們平常不會多想這些事。但假若你只自問，今天發生什麼事？大概只會想起壞事，例如自己匆忙趕往某處，或是他人的惡毒言論，因為必須處理，所以才會記得。可是如果你強調要回想好事，就會想起某個光明的片段，或他人說出的某句話，或某道格外美味的沙拉。」

——美國當代小說家／尼可森‧貝克（Nicholson Baker）

PAGES FROM MY LOGBOOK

我的日誌

「她拯救了我，若沒有她，今天我會在牛排館裡演奏，說不定連演奏機會都沒有，而是在牛排館裡當廚師。」

MARRY WELL.

找個好對象

另一半是你畢生最重要的抉擇,「找個好對象」不僅是指終生伴侶,亦包括事業夥伴、朋友,和往來的人物。維繫情感關係原本就很困難,但要與熱衷於創意的對象結婚,更需要十足勇氣,因為常得同時身兼傭人、廚師、激勵大師、母親、編輯等多種角色。

好伴侶能幫助你腳踏實地,有位朋友常說,與藝術家同住,必然會讓家中充滿靈感,我太太笑著回答:「當然,就像和達文西住在一起。」她最聰明了。

(10) CREAT IS SUB

IVITY
TRACTION.

創意是一種減法

Olympics. Sure, it could be biased, but at least it was explicable bias.

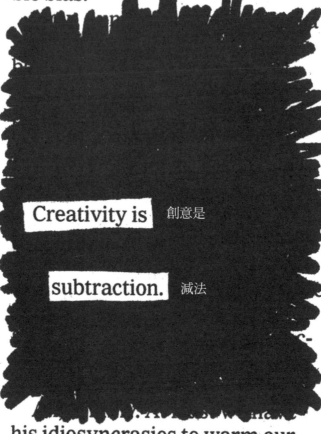

Creativity is 創意是

subtraction. 減法

ETTY IMAGES

d, Tara eral for- oved on.

could oned

his idiosyncrasies to warm our hearts. Remember the costume he described as "a Care Bear on

more. it."

His to he spons age o regre here You'v chanc al a re

Tha kick J He re harde to dis light.

Nov Olymj gram gram who f all are Olymj

CHOOSE WHAT TO LEAVE OUT.

懂得取捨

在資訊爆炸與超載的時代，能領先一步的人，勢必是因為懂得取捨，才能專注於真正重要的事物。擁有無窮無盡的構想，反而令人動彈不得，自以為無所不能才最令人害怕。

若要跨越發揮創意的障礙，就得先自我設限。此話看似矛盾，但對創意工作而言，限制就是自由。試試看利用中午休息時間寫首歌、只用一種顏色作畫、在毫無資金的情況下創業、用 iPhone 和幾位朋友拍攝電影、用零組件製造機器。切勿找藉口不工作，運用此刻擁有的時間、空間與材料創作。

若設限得當，就能激發出最傑出的作品，我最喜愛的例子就是童書作家蘇斯博士（Dr. Seuss），他只用 236 個英文單字就完成《戴帽子的貓》，於是編輯和他打賭，說他沒辦法只用 50 個單字寫書，結果蘇斯博士成功寫下《火腿加綠蛋》，成為兒童文學史上暢銷作品。

「若自認擁有世上所有時間、世上所有金錢、調色盤裡所有色彩，一切一應俱全，如此只會扼殺創意。」

——美國搖滾樂手／傑克・懷特（Jack White）

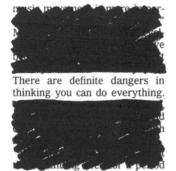

若覺得自己無所不能
肯定很危險

摒除雜念才能思考

在限制中工作

馬上開始

藝術家史坦柏格（Saul Steinberg）說：「我們欣賞藝術作品而產生的反應，就是藝術家努力想突破的自身限制。」藝術之所以有趣，通常是因為藝術家選擇捨棄某些元素，拿未知與已知對比。人亦相同，人們之所以有趣，不只是因為過往經歷的事物，更是因為尚未經歷的事物。工作亦然，你得接受自己的限制，繼續向前。

到頭來，創意不只是我們選擇添加的事物，更是我們選擇放下的事物。

聰明選擇。

盡情享樂。

WHAT NOW?

下一步？

- TAKE A WALK 散步
- START your SWIPE FILE 建立贓物檔案夾
- GO TO THE LIBRARY 去圖書館
- BUY A NOTEBOOK AND USE IT 買筆記本，開始記錄
- GET YOURSELF A CALENDAR 準備行事曆
- START your LOGBOOK 寫日誌
- GIVE A COPY OF THIS BOOK AWAY 把這本書送給別人
- START A BLOG 成立部落格
- TAKE A NAP 睡午覺

RECOMMENDED
READING
建議書單

- LYNDA BARRY, WHAT IT IS
- HUGH MACLEOD, IGNORE EVERYBODY 《不鳥任何人！創意的 40 個關鍵》
- JASON FRIED + DAVID HEINEMEIER HANSSON, REWORK《工作大解放》
- LEWIS HYDE, THE GIFT 《禮物的美學》
- JONATHAN LETHEM, THE ECSTASY OF INFLUENCE
- DAVID SHIELDS, REALITY HUNGER
- SCOTT MCCLOUD, UNDERSTANDING COMICS
- ANNE LAMOTT, BIRD BY BIRD
- MIHALY CSIKSZENTMIHALYI, FLOW 《快樂，從心開始》
- ED EMBERLEY, MAKE A WORLD

*編按：此頁列出的參考書目中，沒有加上中文書名的即表示未出版繁體中文版，僅保留原
　　　文供讀者參考。

Y.M.M.V.

(YOUR MILEAGE MAY VARY!)

個人見解各有不同！

SOME ADVICE CAN BE A VICE.

FEEL FREE TO TAKE WHAT you CAN USE,
AND LEAVE THE REST.

THERE ARE NO RULES.

TELL ME WHAT you THINK
OR SAY HELLO AT:

www.AUSTINKLEON.COM

有些建議有害無益。

請自行斟酌個人適用的內容。

一切沒有既定規則。

若有任何批評指教，或想打招呼，請至：

www.austinkleon.com

「未收錄片段」

"DELETED SCENES"

THIS BOOK BEGAN ITS LIFE ON INDEX CARDS.
HERE ARE SOME THAT DIDN'T MAKE IT.

本書始於一疊索引卡片，以下內容最終並未收錄。

BE AS GENEROUS AS YOU CAN, BUT SELFISH ENOUGH TO GET YR WORK DONE.

大方慷慨，但仍不忘自
私，才能完成工作

QUILTING vs WEAVING

縫紉與編織

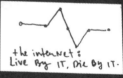
the internet: LIVE BY IT, DIE BY IT.

網路：共生共死

DRAWN TO SCALE

吸引注意

ORIGINALITY is DEPTH + BREADTH of SOURCES

原創在於資料來源的深
度與廣度

SKELETON

CONTAINER vs

容器與骨架

ALL ART
IS A
COLLABORATION.

所有藝術都是協力完成

MAKE things FOR
PEOPLE YOU LOVE.
FOR PEOPLE YOU WANT
TO MEET.

為喜愛的人而創作，為你
想見的人創作

YOUR PARENTS
INVENT you,
AND you TAKE
IT FROM THERE.

父母創造了你，之後
一切自己負責

STEAL FROM
YOURSELF.
DREAMS | MEMORY.

跟自己偷點子：夢想／記憶

CONTAIN
MULTITUDES.

控制數量

ARTiSTS
NEED
POCKETS.

藝術家需要口袋

the "SO
WHAT?" TEST

「那又如何？」測驗

TIME + SPACE
TRAVEL.

時間＋空間之旅

CONTEXTOMY
QUOTING OUT of
CONTEXT

挖掘脈絡與背景

GO DEEPER.

深入

WHAT IF WE GIVE IT AWAY?

如果告訴別人會如何？

MUTATIONS
MISHEARD LYRICS
IMPERFECT COPIES
FROM MEMORY

突變／聽錯歌詞／記憶
不全的版本

INFLUENCE IS ACTIVE, NOT PASSIVE.

影響要主動，而非被動

CONFUSED, BUT NOT CONFOUNDED.

困惑，但不狼狽

WHAT DO YOU WANT YOUR DAYS TO LOOK LIKE?

你希望生活是什麼模樣？

ALWAYS BE READING

A BOOK IS A LENS TO SEE THE WORLD THROUGH.

隨時閱讀，書本是看
清世界的途徑

WO N DERINS WANDERING

納悶與徘徊

STAY AWAY FROM MATCHES

遠離火柴

DO IT WRONG.

犯錯

MAKE IT STRANGE.
YOUR INSTRUMENTS LIKE LEGO BRICKS.

搞怪。用樂高積木看看。

I CAME TO TEXAS FOR THE MYTHOLOGY.

我因為神話而來到德州

DOODLES